Elena Felger

Sustainable Product Engineering

Elena Felger

Sustainable Product Engineering

GRIN Verlag

Bibliografische Information der Deutschen Nationalbibliothek: Die Deutsche Bibliothek
verzeichnet diese Publikation in der Deutschen Nationalbibliografie; detaillierte bibliografische Daten sind im Internet über http://dnb.d-nb.de/ abrufbar.

1. Auflage 2012
Copyright © 2012 GRIN Verlag GmbH
http://www.grin.com
Druck und Bindung: Books on Demand GmbH, Norderstedt Germany
ISBN 978-3-656-17569-8

USINESS
INEERING
rl von Ossietzky
ersität Oldenburg

ustainable Product Engineering

Elena Felger
Carl von Ossietzky Universität
Oldenburg, 01.03.2012

Seminar: Product Engineering

Inhaltsverzeichnis

Einleitung

In der heutigen Zeit sind innovative Produkte ein wesentlicher Wettbewerbsfaktor für Unternehmen. Dabei spielen ein tolles Design, sowie innovative Technologien eine wesentliche Rolle (vgl. Gleich, et al., 2010 S. 69 ff.). Zudem ist die Produktvielfalt sehr hoch, da viele Produkte kurzlebig sind und bald durch immer neuere Modelle ersetzt werden. Um diesen Bedarf zu decken, sind unter anderem natürliche Ressourcen, Energie und Unternehmen nötig, welche die geforderten Güter erzeugen. Wachsendes Umweltbewusstsein der Konsumenten und die Zunahme der Regulierung durch die Politik und Gesetze bewirken jedoch, dass umweltfreundliche, ressourcenschonende Produkte, oft zusammengefasst unter dem Begriff *Green Products* (vgl. Wasik, 1996), sehr gefragt sind. Die Entwicklung solcher Produkte erfordert, dass der Gedanke der Nachhaltigkeit bereits in die frühen Phasen der Produktinnovation und –entwicklung integriert wird, da hier wesentliche Eigenschaften und Ausprägungen des Produkts festgelegt werden. Die Frage ist nun, wie solche innovativen und gleichzeitig umweltfreundlichen Produkte entwickelt werden und wie sich der Entwicklungsprozess an diese neuen Anforderungen angepasst hat.

Daher beschäftigt sich diese Arbeit mit Vorgehensmodellen und Methoden einer nachhaltigen Produktentwicklung.

1.1 Zielsetzung und Aufbau

Das Ziel der Arbeit ist es herauszufinden, inwieweit Aspekte der Umwelt und Nachhaltigkeit in der Produktentwicklung verankert sind. Dabei liegt der Schwerpunkt auf Vorgehensmodellen, Methoden und Konzepten im Allgemeinen. Es gilt herauszufinden inwieweit Nachhaltigkeitsaspekte in klassische Vorgehensmodelle integriert werden oder ob es gar gänzlich neue Modelle gibt.

Zunächst wird in den Grundlagen zum einen der Begriff der Nachhaltigkeit definiert und eingegrenzt. Zum anderen gibt es einen Überblick über die Vorgehensmodelle der klassischen Produktentwicklung. Danach folgen Konzepte der nachhaltigen Produktentwicklung und ihre Einordnung. Schließlich werden die Ergebnisse zusammengefasst.

2 Grundlagen

2.1 Nachhaltigkeit

Der Begriff der Nachhaltigkeit taucht immer wieder auf und wird oftmals in verschiedenen Zusammenhängen genannt. Auch die Bedeutung des Begriffs wird oftmals unterschiedlich interpretiert. Oft werden Begriffe wie „Umweltfreundlichkeit", „Ökologie" oder auch „Ressourcenschonende Entwicklung" im Kontext oder sogar als synonym von Nachhaltigkeit genannt. Allerdings geht Nachhaltigkeit über den klassichen Umweltschutz hinaus und fokussiert weitere Aspekte. Im Allgemeinen ist Nachhaltigkeit eher ein Leitbild, welches eine zukunftsorientierte und umweltfreundliche Entwicklung der Menschheit beschreibt. Speziell gibt es hierfür verschiedene Modelle bzw. Konzepte, welche unterschiedliche Schwerpunkte legen. Zu den Bekanntesten zählen das Drei-Säulen-Modell, das Ein-Säulen-Modell und das Cradle-to-Cradle-Modell.

2.1.1 Drei-Säulen-Modell

Das Drei-Säulen-Modell ist vor allem in der Wirtschafts- und Finanzwelt weit verbreitet. Es basiert auf dem Grundsatz der drei wesentlichen Pfeiler Ökonomie, Ökologie und Gesellschaft, welche zu gleichen Teilen die Nachhaltigkeit ausmachen bzw. erst ermöglichen (*Abbildung 1*). Das heißt, dass soziale, ökonomische und ökologische Aspekte und deren Ausgleich gleichermaßen bedeutend sind für eine nachhaltige Entwicklung

Abbildung 1: Drei-Säulen-Modell (Quelle: Andrea Stütz)

(vgl. Beys). Aus dem Drei-Säulen-Modell entstand das weit verbreitete Nachhaltigkeitsdreieck, welches als Sinnbild der Nachhaltigkeit fungiert und die drei oben genannten Prinzipien miteinander verbindet.

2.1.2 Ein-Säulen-Modell

Das Ein-Säulen-Modell steht im Gegensatz zum ausgeglichenen Drei-Säulen-Modell, da der ökologischen Perspektive eine höhere Bedeutung zugeschrieben wird und die ökonomische und soziale Komponente nachgeordnet liegen. Somit ist der Kerngedanke, dass die Umwelt als Basis-Säule für alles andere dient, ohne die, keine anderen Ebenen existieren können. Oftmals wird auch vom Pyramiden-Modell gesprochen, da die Ebenen pyramidenförmig angeordnet sind (vgl. Grunwald, et al., 2006).

2.1.3 Cradle-to-Cradle

Cradle-to-Cradle bedeutet übersetzt „Von der Wiege zur Wiege" und ist ein Konzept welches eine völlig abfallfreie Wirtschaft anstrebt. Durch den Einsatz wiederverwertbarer Stoffe und Materialien soll Abfall minimiert und ein geschlossener Kreislauf erreicht werden (vgl. Braungart, et al., 2009).

Dies sind nur einige Konzepte bzw. Definitionen von Nachhaltigkeit, die sich weitestgehend durchgesetzt haben. Trotz ihrer Unterschiede haben sie auch einige gemeinsame Eigenschaften. So ist in jedem Fall die Nachhaltigkeit als ein langfristiges Projekt zu betrachten, d.h. die Ausmaße bzw. Erfolg oder Misserfolg lassen sich endgültig erst nach einem gewissen Zeitraum messen. Dies erschwert die Integration in Projekte, da oft Kennzahlen oder Größen fehlen, um die Wirksamkeit und Wirtschaftlichkeit zu messen.

Im Rahmen dieser Ausarbeitung wird Nachhaltigkeit nicht im Zusammenhang mit einer bestimmten Definition verwendet. Daraus folgt, dass keine Eingrenzung bezüglich bestimmter Kriterien vorgenommen wird. Vielmehr werden alle Facetten der Nachhaltigkeit und ihrer Komponenten betrachtet.

2.2 Product Engineering

2.2.1 Klassische Produktentwicklung

Die klassische Produktentwicklung (Product Engineering) ist eine Ingenieursdisziplin, die sich mit dem Design und der Entwicklung von Produkten beschäftigt. Sie beschreibt den Prozess vom groben Entwurf eines Produktes bis hin zur prototypischen Entwicklung und Übergabe an die Fertigung (vgl. Holland, et al., 2011, S. 270 f.). In der Regel handelt es sich um komplexe Produkte, die demzufolge eine komplexe Entwicklung bedingen. Um diese Komplexität beherrschen zu können, wird der systemische Ansatz verfolgt. Das systemische Vorgehen dient dazu Produkte zu verstehen bzw. zu erfassen und in ihrer Komplexität zu beherrschen. Das Produkt wird abstrahiert und in einer groben Form ohne Details dargestellt. Diese werden in den darauf folgenden Schritten nach und nach hinzugefügt und das Produkt komplettiert. Außerdem wird das Produkt in seinem Systemumfeld betrachtet und in Relation zu diesem gesetzt (Hahn & Austing, 2011).

Bei der Entwicklung kommen unterschiedliche Methoden und Vorgehensmodelle zum Einsatz. Es existiert eine Reihe von unterstützenden Werkzeugen und Anforderungen, die erfüllt werden müssen. Außerdem gibt es unterschiedliche Herausforderungen an die Produktentwicklung, die es zu bewältigen gilt (vgl. Hahn, et al., 2011). Eine davon ist die ressourcenschonende Produktentwicklung, die die Grundlage der Thematik vorliegender Arbeit darstellt. Vor allem die Integration der Nachhaltigkeit in Vorgehensmodelle und Methoden des Product Engineering bildet den Schwerpunkt.

Dazu sollen im Folgenden klassische Vorgehensmodelle und Methoden der Produktentwicklung näher betrachtet und eingeordnet werden.

2.2.2 Vorgehensmodelle im Product Engineering

Das Vorgehen bei der Produktentwicklung besteht aus einer Reihe unterschiedlicher Phasen und Methoden, welche wiederum zu einer Methodik zusammengefasst werden. Eine Methodik bildet eine Art Framework zur Entwicklung und beschränkt sich lediglich auf Handlungsempfehlungen. Diese können je nach zu entwickelndem Pro-

dukt und Anforderungen angepasst werden. Somit existiert keine optimale Methodik, sondern vielmehr muss diese basierend auf bereits gemachten Erfahrungen und Richtwerten ermittelt und zusätzlich gegebenenfalls angepasst werden.

Für unterschiedliche Probleme und Szenarien existieren unterschiedliche Lösungen und Konzepte. Generell können diese Konzepte nach ihren Einsatzebenen geordnet

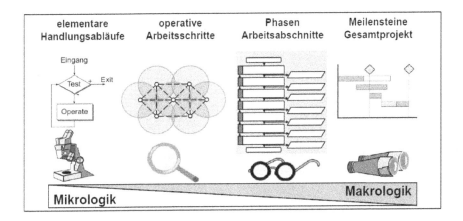

Abbildung 2: Auflösungsgrad nach Lindemann (Lindemann, 2009)

werden. Je nachdem, was entwickelt werden soll und welche Teilaufgabe zu lösen ist, unterscheidet man zwischen Makro- und Mikrologik. *Abbildung 2* zeigt den Auflösungs-grad nach Lindemann. Es sind drei Ebenen definiert: die Makrologik, die Ebene der Problemlösung und die Mikrologik. Zur Mikrologik gehören elementare Handlungsab-läufe, die ein Teilproblem lösen und grundlegende Denkabläufe unterstützen sollen. Zu den bekanntesten Konzepten gehört das TOTE-Schema (siehe 2.2.2.4). Die Ebene der Problemlösung hingegen umfasst Methode, welche dazu dienen spezielle Probleme mithilfe eines Ablaufs zu lösen. Dazu zählen der Problemlösungszyklus von Ehrlenspiel und die TRIZ-Methodik (2.2.2.5) von Altschuller (vgl. Orloff, 2006). Die Makrologik schließlich beinhaltet Verhaltensmodelle, die in Projekten über einen längeren Zeit-raum hinweg eingesetzt werden. Dazu gehören unter anderem die hier vorgestellte Konstruktionssystematik nach Roth (2.2.2.2), das Vorgehensmodell der VDI Richtlinie 2221 (2.2.2.1) und das Stage-Gate-Modell (2.2.2.3). Neben diesen klassischen Vorge-hensmodellen und Methoden, welche sich auf den unterschiedlichen Ebenen einset-

zen lassen, existieren weitere Werkzeuge, die bei der Produktentwicklung, beispielsweise als Methode im Vorgehensmodell nach VDI 2221, eingesetzt werden können.
Dies sind Qualitätssicherungswerkzeuge, wie FMEA (2.2.2.6) und QFD (2.2.2.7), welche
dazu dienen, in frühen Phasen der Entwicklung Anforderungen zu spezifizieren und
Fehler zu vermeiden.

Im Folgenden werden einige der oben genannten Ansätze kurz vorgestellt.

2.2.2.1 VDI Richtlinie 2221

Die Richtlinie 2221 vom Verein Deutscher Ingenieure (vgl. Richtliniendetails 2012) beschreibt ein methodisches Vorgehen beim Konstruieren technischer Systeme. Die
Richtlinie stellt dabei einen allgemeinen Leitfaden dar. Somit handelt es sich um eine
allgemeingültige Empfehlung, die jeweils an das jeweilige Produkt und seine besonde-

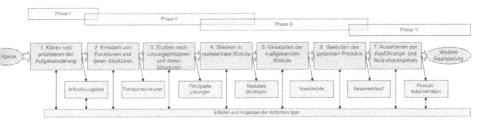

Abbildung 3: Ablaufplan nach VDI 2221 (Quelle: o.V. (2009): Quellen. Online (2009))

ren Entstehungsumstände angepasst werden kann.

Die Methode sieht insgesamt vier grobe Konstruktionsphasen, wie sie auch in der Konstruktionssystematik von Roth (vgl. Roth, 2000) vorkommen, vor. In der ersten Phase
des Planens wird die Aufgabenstellung ausgearbeitet. Daraus wird in der darauf folgenden Konzeptionsphase ein Konzept ausgearbeitet, welches wiederum in der dritten, der Entwurfsphase, in einen Entwurf überführt wird. Schließlich folgt die Ausarbeitung des Entwurfs. Diese Konstruktionsphasen sind weiterhin jeweils in unterschiedliche Aufgaben unterteilt, sieben an der Zahl. Nach jedem Arbeitsschritt entsteht ein
Ergebnis, welches in Form von Dokumenten bzw. Modellen festgehalten wird. Außerdem wird nach jedem Schritt ein Abgleich mit den vorhandenen Anforderungen an das
Produkt vorgenommen und falls nötig, ein Rücksprung eingeleitet. In Abbildung 3 ist
der Ablauf nach der VDI Richtlinie 2221 grafisch dargestellt.

Das V-Modell wird hier nicht betrachtet, da es sich um eine höhere Ebene der Anweisungen handelt, d.h. sie sind zu grob, als dass sie im Hinblick auf Nachhaltigkeit konkret betrachtet werden können. Es ist ein Teil der Makroebene und wird daher ständig durchlaufen.

2.2.2.2 Konstruktionssystematik von Roth

Die Konstruktionssystematik von Karlheinz Roth ist eine Methode, die wesentliche Schritte des Konstruierens in Verbindung mit Konstruktionskatalogen beschreibt.

Die Methodik besteht aus vier groben Phasen:

- Aufgabenformulierungsphase

- Funktionelle Phase

- Prinzipielle Phase

- Gestaltende Phase

In jeder Phase entsteht ein sogenanntes Produktmodell, welches ein Modell des angestrebten Produktes ist und die in der jeweiligen Phase erarbeiteten Ergebnisse enthält. Diese dienen als Bezugsrahmen für die anderen Schritte.

In der *Aufgabenformulierungsphase* wird eben diese konkret formuliert und konkretisiert. Es wird unter anderem betrachtet, welches System bzw. Produkt entwickelt werden soll, aus welchen Teilfunktionen dieses besteht, was es leisten soll und welche Kosten zu berücksichtigen sind. Danach folgt die *funktionelle Phase*, wo zunächst die Soll-Funktionen bestimmt werden. Dies geschieht lediglich auf der funktionellen Ebene, ohne Betrachtung der physikalischen Aspekte. Die Funktionen werden zu ihrem Input und Output in Verbindung gesetzt, um noch nicht effektgebundene Funktionen in einer Funktionsstruktur darzustellen. Diese Funktionen werden anschließend in der *prinzipiellen Phase* mit Effekten und Effektträgern versehen, d.h. die Funktionen erhalten Realisierungsmechanismen und Wirkprinzipien. Schließlich werden die Funktionen mit ihren Effekten in einer Prinzipskizze zusammengefügt und der folgenden Phase zur Verfügung gestellt. Diese Prinzipskizze wird schließlich in der *gestaltenden Phase* weiter ausgearbeitet und in ein Konturbild überführt. In dieser Phase werden die Funktio-

nen mit ihren Effekten in der Realität umgesetzt. Es werden Materialien, Bauweisen, Stückliste und andere Größen festgelegt (vgl. Roth, 2000).

2.2.2.3 Stage-Gate-Modell

Das Stage-Gate-Modell wurde von Robert G. Cooper entwickelt und betrachtet den Innovationsprozess. Dieser wird in üblicherweise 4 bis 6 Schritte (Stages) unterteilt. Jede dieser Phasen besteht aus bereichs-übergreifenden Aktivitäten, die zum Teil parallel ausgeführt werden. Vor jedem Schritt ist ein Tor (Gate) angeordnet. Dieses dient der Qualitätskon-trolle. Hier fließen teilweise Ergebnisse aus vorheri-gen Schritten ein und es wird bewertet, ob der Pro-zess fortgeführt und der nächste Schritt erreicht wird, oder ob etwas verändert werden muss.

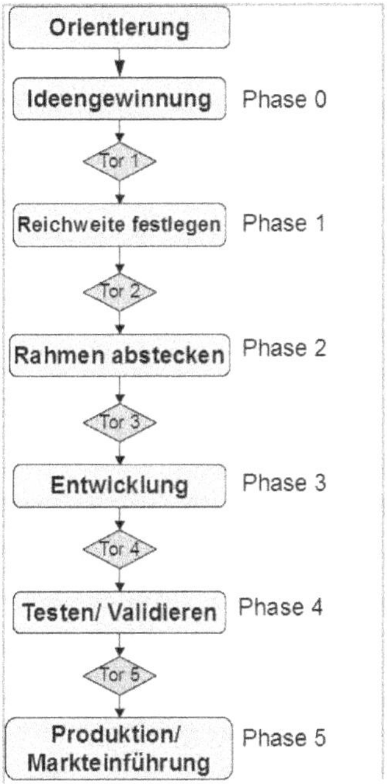

In Abbildung 4 ist ein üblicher Stage-Gate-Prozess dargestellt. Die Phasen sind

- **Ideenfindung**

  Dies ist die erste Phase. Hier werden Ideen generiert.

- **Reichweite festlegen**

  In der zweiten Phase werden erste Analysen vorgenommen, wie Marktanalysen, Kostenanalysen, etc.

- **Rahmen abstecken**

  Hier werden bereits konkrete Analysen durchgeführt und erste Produktdefini-tionen vorgenommen,

- **Entwicklung**

  Das Produkt wird entwickelt und ausgearbeitet.

- **Testen/Validieren**

  Das entwickelte Produkt oder der Prototyp wird umfangreich getestet.

Abbildung 4: Stage-Gate-Modell nach (Cooper, 2002)

- **Produktion/Markteinführung**

  Es wird die Produktion eingeleitet und die Markteinführung vollzogen.

2.2.2.4 TOTE-Schema

TOTE steht für Test Operate Test Sequenz und beschreibt das Verhalten eines Ingenieurs bei der Entwicklung eines Produktes. Es stellt somit einen intuitiven Handlungsablauf dar und wird auf der Mikroebene eingesetzt um kleinere Teilprobleme zu lösen (vgl. Ehrlenspiel, 2009, S. 83). Dabei wird ein stetiger Zyklus aus (Problem-) Analyse und Synthese durchlaufen bis eine zufriedenstellende Lösung erreicht ist.

2.2.2.5 TRIZ

TRIZ ist eine Methodik, welche basierend auf Studien und Untersuchungen von Patenten Richtlinien und Prinzipien des Erfindens aufstellt. Zu TRIZ gehören eine Reihe unterschiedlicher Werkzeuge, die in unterschiedlicher Form eine Unterstützung bei der Problemanalyse und -lösung bieten (vgl. (Orloff, 2006, S. 7 ff.). Dabei werden teilweise technische oder physikalische Widersprüche betrachtet, um eine geeignete Lösung zu finden (Widerspruchsanalyse). Außerdem existiert eine Vielzahl an bewährten Lösungen für gängige Probleme (z.B. 76 Standard-Lösungen).

2.2.2.6 FMEA

FMEA steht für Fehler-, Möglichkeits- und Einfluss-Analyse und ist eine Methodik zur Qualitätssicherung, welche darauf ausgelegt ist, möglichst früh mögliche Fehler zu finden und diese zu vermeiden, anstatt sie im Nachhinein zu beheben. Dazu wird ein Team aus Mitarbeitern verschiedener Abteilungen, wie Qualitätsmanagement und Entwicklung, zusammengestellt, welches systematisch mögliche Fehlerquellen ausmacht. Dabei wird das betrachte System strukturiert und eingegrenzt, auf mögliche Fehlerursachen hin untersucht und mit möglichen Vermeidungsstrategien und Lösungen versehen. Außerdem wird eine Risikobetrachtung durchgeführt, welche auch das vorhandene Restrisiko berücksichtigt (vgl. Tietjen & Müller, 2003).

Somit stellt FMEA weniger ein Vorgehen bei der Produktentwicklung dar, sondern ist eine Methode zu Fehlervermeidung und Steigerung der Zuverlässigkeit eines Systems.

Das Vorgehen bei der Arbeit mit der FMEA-Methode lässt sich in 6 Schritte unterteilen (vgl. Werdich, 2011, S.19 ff.).

1. Zunächst erfolgt die Sammlung aller benötigten Daten, wie Stücklisten, Richtlinien, Lastenhefte, etc.

2. Im zweiten Schritt wird der Handlungsrahmen festgelegt und die Betrachtungsebene definiert.

3. Es folgt die Struktur- und Funktionsanalyse, wobei das Produkt in seine Einzelkomponenten gesplittet wird und diesen Funktionen zugeordnet werden, welche wiederum miteinander verknüpft sein können.

4. Den erfassten Komponenten werden mögliche Fehler zugeordnet.

5. Zu den gefundenen Fehlern werden Maßnahmen gefunden, dokumentiert und bewertet.

6. Schließlich werden weitere Maßnahmen gefunden, um das Risiko zu minimieren und weitere Bewertungen werden vorgenommen.

In Abbildung 5 ist eine beispielhafte Darstellung eines Aufbaus der FMEA zu sehen.

FMEA (Fehler-Möglichkeiten und -Einfluss-Analyse

Produkt						Team:		Start-Datum:	
								Anlagen:	
Produktteil	möglicher Fehler	B	H	E	RPZ	Vorgeschlagene Maßnahme	Wer? Wann?	Getroffene Maßnahmen	R_n

Abbildung 5: FMEA Schablone (Quelle: o.V.)

2.2.2.7   QFD

QFD steht für Quality Function Deployment und ist ebenfalls wie FMEA eine Methode der Qualitätssicherung. Der Schwerpunkt dieser Methode liegt jedoch auf den Anforderungen der Kunden, und der Frage, wie diese im Produkt umgesetzt werden können. Somit wird vor allem der Produktentwicklungs- und Design- Prozess adressiert, in dem die Anforderungen und Wünsche des Kunden zentraler Gegenstand sind.

Dabei beteiligen sich ebenfalls Mitarbeiter unterschiedlicher Abteilungen an der Entwicklung. Als Werkzeug dient das sogenannte *House of Quality* (vgl. **Fehler! Verweisquelle konnte nicht gefunden werden.**). Dies stellt eine Art Schablone dar, die mit entsprechenden Informationen zu füllen ist. Zunächst werden die Kundenanforderungen erfasst, welche aussagen *was* gefordert und somit umzusetzen ist. Diese Anforderungen werden geordnet und gewichtet. Anschließend wird ermittelt *wie* diese Anforderungen umgesetzt werden (Qualitätsmerkmale an das Produkt) und *wie viel* tatsächlich als Zielwert umgesetzt wird. Gleichzeitig wird untersucht inwieweit die Wettbewerber die vorliegenden Anforderungen umsetzen, also *warum* es notwendig ist diese umzusetzen. Schließlich werden die einzelnen Komponenten auf Wechselwirkungen geprüft. (vgl. Linß, 2005, S. 128 ff.).

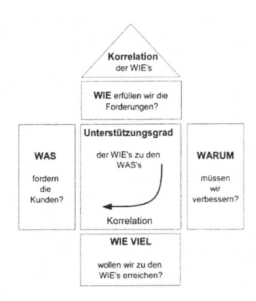

Abbildung 6: House of Quality (Quelle: Linß, 2005, S. 129)

3 Sustainable Product Engineering

Sustainable Product Engineering bedeutet so viel wie nachhaltige Produktentwicklung. Der Begriff der Nachhaltigkeit soll dabei keinerlei Einschränkung auf ebendiese Definition darstellen. Vielmehr werden unter nachhaltiger Entwicklung alle Ansätze und Bemühungen verstanden, welchen einen Teil zur nachhaltigen bzw. ökologische Entwicklung beitragen.

Die Zusammenführung von Nachhaltigkeit, Umwelt und klassischer Produktentwicklung bringt einige Herausforderungen mit sich. Viele Ingenieure, Produktentwickler oder Konstrukteure haben in der Regel keinen oder nur wenig Bezug zu Umweltanforderungen und Nachhaltigkeitsaspekten, da der Trend zur nachhaltigen Entwicklung in der Regel jünger ist, als viele Methoden der klassischen Produktentwicklung. Ferner spielen Erfahrungen der Ingenieure nicht nur bei der Wahl eines geeigneten Vorgehensmodells eine wichtige Rolle, sondern sind wesentlicher Bestandteil vieler Lösungsmechanismen (vgl. Hahn, et al., 2011 S. 14 f., Orloff, 2006). Im Umfeld der Nachhaltigkeit sind solche Erfahrungen bzw. lang bewährte Werte und Größen jedoch selten. Daraus folgt, dass die Integration des Nachhaltigkeitsgedanken in die Produktentwicklung nicht nur notwendig ist, um einen Grundstein für zukünftige Entwicklungen und Modelle zu legen, sondern auch unter Umständen Schwierigkeiten mit sich bringt.

Nichtsdestotrotz existiert bereits eine Reihe von Prinzipien, Ansätzen, Methoden und technischen Werkzeugen, welche eine nachhaltige Produktentwicklung unterstützen. Einige Prinzipien der Integration von Umweltaspekten in Produktplanung und -entwicklung sind sogar in der ISO TR/14062 Norm festgehalten (vgl. DIN Deutsches Institut für Normung e. V., 2003))

Hier sollen einige Konzepte und Methoden betrachtet werden, welche einen Überblick bieten sollen über allgemeine Prämissen bis hin zu handfesten Modellen.

.

3.1 Einordnung

Im Umfeld der nachhaltigen Produktentwicklung existieren eine Reihe unterschiedlicher Vorgehen, Methoden und Leitbilder. Im Rahmen dieser Arbeit soll ein Überblick über diese Modelle und Konzepte gegeben werden, um zu demonstrieren, wie Nachhaltigkeit in die Produktentwicklung integriert werden kann. Dabei ist es wichtig die Besonderheiten der einzelnen Konzepte zu kennen, um sie zueinander in Beziehung setzen und sie in einen Gesamtkontext einordnen zu können.

Im Folgenden werden fünf Konzepte vorgestellt, das Konzept des nachhaltigen Design, Life Cycle Design, Environmental FMEA, Environmental QFD und ein Modell nach Lang-Koetz zur Abschätzung von Umweltwirkungen. Diese Konzepte lassen sich in unterschiedliche Kategorien einteilen Leitbilder und Vorgehensmodelle bzw. Modelle.

Leitbilder

Unter Leitbildern ist die Denkweise und Bestrebung gemeint, ein konkretes Ziel umzusetzen. Dazu gehören diverse Prinzipien, Strategien und Verhaltensmuster, welche, in diesem Fall, eine nachhaltige Produktentwicklung anstreben. Das allumfassende Leitbild der nachhaltigen Produktentwicklung ist der allgemeine Ansatz des *nachhaltigen Design (3.2.1)*. Er umfasst Prinzipien, Handlungsempfehlungen, Leitkriterien und schließlich auch konkrete Methoden und Vorgehensmodelle.

Zu den Leitbildern lässt sich auch das Prinzip des *Life Cycle Design (3.2.2)* zuordnen. Dieses kann wiederum als Teil des nachhaltigen Designs gesehen werden und wird oft in Methoden und Vorgehensmodellen integriert

Methoden/Vorgehensmodelle

Methoden und Vorgehensmodelle stellen konkrete Handlungsempfehlungen im Rahmen des nachhaltigen Designs dar. Dabei werden oftmals klassische Konzepte der Produktentwicklung mit Umweltaspekten kombiniert oder um diese erweitert. Dazu zählen *EFMEA (3.2.3)*, *EQFD (3.2.4)* und das *Modell nach Lang-Koetz (3.2.5)*.

Nachfolgend werden diese unterschiedlichen Konzepte vorgestellt.

3.2 Konzepte der nachhaltigen Produktentwicklung

3.2.1 Nachhaltiges Design (EcoDesign)

Das nachhaltige Design ist ein Oberbegriff für diverse Ansätze, die jedoch ein Ziel verfolgen, nämlich die umweltschonende bzw. nachhaltige Produktentwicklung. Somit kann nachhaltiges Design, wie auch Life Cycle Design (3.2.2), als eine Leitidee verstanden werden, hinter welcher unterschiedliche Ansätze und Werkzeuge stehen. Zu diesen Ansätzen zählen das EcoDesign, was oftmals synonym verwendet wird, und das Sustainable Product Design, welche zunächst kurz erläutert werden. Anschließend folgt eine Einordnung der beiden Ansätze in die Idee der nachhaltigen Entwicklung.

3.2.1.1 EcoDesign

EcoDesign ist in der Literatur oft auch unter den Begriffen Ökodesign oder Design for Environment zu finden. Obwohl sich die Terminologie unterscheidet ist jedoch der Kerngedanke gleich. EcoDesign bzw. Design for Environment sind beides Ansätze, die die Integration von Umweltaspekten in die klassische Produktentwicklung bzw. -design anstreben. Dabei wird das lebenszyklusorientierte Denken betrachtet, was bedeutet, dass der gesamte Lebenszyklus von der Materialbeschaffung über die Produktion bis hin zur Entsorgung in die Entwicklungsphase einfließt und dies maßgeblich beeinflusst. Das Ziel ist eine reduzierte Nutzung von Rohstoffen, eine Minimierung von Stoff- und Energieströmen und eine Reduktion von umweltschädigenden Emissionen Es geht also in erster Linie um Umweltaspekte (vgl. Fuad-Luke, 2006 S. 17 ff. , Tischner, et al., 2001 S. 118 ff.).

3.2.1.2 Sustainable Product Design

Sustainable Product Design ist, wie auch EcoDesign bzw. Design for Environment, ein Ansatz, um Umweltaspekte in den Produktentwicklungsprozess zu integrieren. Allerdings kann Sustainable Product Design nicht mit den beiden anderen Modellen gleichgesetzt werden, da hier konkret die Nachhaltigkeit fokussiert wird. Sustainable Product Design strebt demzufolge eine Balance zwischen sozialen, ökonomischen und ökologischen Anforderungen an, was dem Dreieck der Nachhaltigkeit entspricht (vgl. **Fehler! Verweisquelle konnte nicht gefunden werden.**). Das Ziel ist eine Reduktion von Umweltwirkungen und eine Stärkung der Nachhaltigkeit über den gesamten Produktle-

benszyklus hinweg. Für die Umsetzung des Sustainable Product Design gibt es eine Reihe von konkreten Methoden und Werkzeugen. Dazu zählen beispielsweise Checklisten, Life Cycle Assessment und viele weitere.

3.2.1.3   Einordnung

EcoDesign wird oftmals synonym zu den Begriffen Design for Environment oder Ökodesign verwendet. Die Bedeutung der Begriffe wird in der Literatur oftmals in unterschiedlichen Zusammenhängen unterschiedlich verwendet. Dies macht eine Abgrenzung bzw. Einordnung in die nachhaltige Produktentwicklung schwierig. Vor allem wenn Begriffe, wie Nachhaltigkeit und nachhaltige Produktentwicklung fallen, kann es unter Umständen zu unterschiedlichen Sichtweisen kommen. Ursula Tischner versucht die unterschiedlichen Termini in einen Kontext zu bringen und zu ordnen (*Abbildung 7*).

Abbildung 7: Einordnung von EcoDesign und Sustainable Design
(Tischner, et al., 2001 S. 120)

Im Zentrum steht das Product Design, welches die klassische Produktentwicklung darstellt. Erweitert man diese klassische Form um Aspekte der Umwelt, so kann von Eco-Design gesprochen werden. Die nächste Stufe wäre eine Erweiterung um die soziale und ökonomische Perspektive, was auf die drei Säulen der Nachhaltigkeit Bezug nimmt

und somit das Sustainable Design ausmacht. Diese Ansätze zielen alle darauf ab eine nachhaltige Entwicklung im Allgemeinen zu ermöglichen (vgl. Tischner, et al., 2001)).

Somit stellt das Sustainable Design eine Erweiterung des EcoDesign dar. Gemeinsam bilden sie wiederum die Grundlage für nachhaltige Entwicklung von Produkten und verwenden diverse Konzepte und Methoden, welche die konkrete Umsetzung unterstützen. So ist der Fokus auf den Lebenszyklus ein elementarer Grundsatz für die Umsetzung von nachhaltiger Entwicklung. Dafür werden konkrete Methoden, wie Life Cycle Assessment, Checklisten aber auch klassische Methoden der Produktentwicklung, welche um Umweltaspekte erweitert wurden, wie FMEA und QFD (siehe 3.2.3 und 3.2.3, vgl. Fichter, et al., 2006 S. 107) genutzt.

3.2.2 Life Cycle Design

Wie bereits erwähnt werden in der Produktplanung und –entwicklung wesentliche Eigenschaften des Produktes festgelegt. Diese können an dieser Stelle bei Bedarf mit wenig Aufwand geändert werden, die Auswirkungen über das gesamte Existieren des Produktes hinweg sind jedoch immens. So wird in dieser Phase auch ein Grundstein für die ökologische Verträglichkeit des Produktes gelegt. Somit müssen die Auswirkungen jeder folgenden Phase bezüglich der sozialen, ökonomischen und ökologischen Dimensionen berücksichtigt werden.

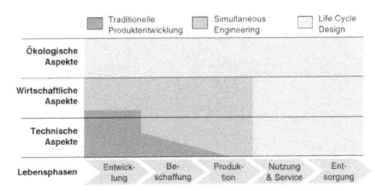

Abbildung 8: Produktlebenszyklus (Quelle: Herrmann, 2010, S. 279)

Aus dieser Motivation heraus entstand das Life Cycle Design. Dieser Ansatz besagt im Wesentlichen, dass bei der Entwicklung eines Produktes bereits der gesamte Lebenszyklus betrachtet und entsprechend beeinflusst wird. zeigt einen erweiterten Produktlebenszyklus und die Einordnung der unterschiedlichen Ansätze der Produktentwicklung. Die klassische Produktentwicklung beschäftigt sich in der Regel mit den technischen Aspekten der Entwicklung selbst, teilweise der Beschaffung und nur geringfügig mit der Produktion eines Produktes. Das Simultaneous Engineering vereint die Produktionsplanung und –entwicklung und erfolgt üblicherweise in parallelen Arbeitsschritten. Neben der technischen, kommt hier die wirtschaftliche Perspektive hinzu. Das Life Cycle Design schließlich erstreckt sich über alle Lebenszyklusphasen und erweitert die technischen und wirtschaftlichen Aspekte um ökologische Komponenten. Daraus folgt, dass die speziellen Anforderungen, die aus der Nutzungs- und Entsorgungsphase resultieren in den Produktentwicklungsprozess eingebunden werden, so dass auf die ökologische Perspektive Einfluss genommen werden kann.

Die lebenszyklusintegrierte Produktentwicklung kann in einem Referenzmodell dargestellt werden, welches die Beziehungen zu den einzelnen Phasen und dem Umfeld verdeutlicht (*Abbildung 9*). Der Produktentwicklung ist die Produktplanung vorgelagert, welche sich im Wesentlichen mit der Ideenfindung beschäftigt. Daraus folgt anschließend die Produktentwicklung innerhalb der vier üblichen Phasen Anforderungsdefinition, Konzeption, Entwurf und Ausarbeitung. Dabei nehmen unterschiedliche Eingangsgrößen Einfluss auf die Entwicklung. So spielen Kundenanforderungen, rechtliche

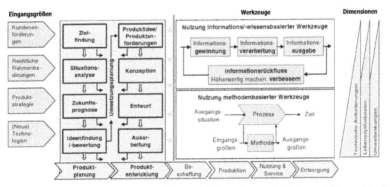

Abbildung 9: Referenzmodell der lebenszyklusintegrierten Produktentwicklung (Quelle: (Herrmann, 2010, S. 279)

Rahmenbedingungen, die Produktstrategie und vor allem neue Technologien eine wichtige Rolle bei der lebenszyklusorientierten Produktentwicklung. Letztere ermöglichen oft erst innovative und umweltschonende Lösungen. Außerdem nehmen die verwendeten Werkzeuge eine wesentliche Rolle ein. Dies liegt daran, dass die Abschätzung von Umweltwirkungen bezogen auf den gesamten Lebenszyklus eine anspruchsvolle Aufgabe darstellt, da die notwendigen Informationen in der Regel breit gestreut sind und teilweise indirekt vorliegen. Die Werkzeuge werden entweder jeweils bezogen auf eine bestimmte Phase des Lebenszyklus` eingesetzt oder übergreifend über den gesamten Lebenszyklus hinweg (vgl. Herrmann, 2010, S. 275 ff.).

Life Cycle Design bildet eine Grundlage für weitere Ansätze und Methoden nachhaltiger Produktentwicklung. Somit wird dieser Ansatz häufig im Zusammenhang mit anderen Ansätzen und konkreten Methoden genannt (vgl. Model nach Lang-Koetz 3.2.5).

3.2.3 Environmental FMEA

Environmental FMEA (EFMEA) ist eine Abwandlung der klassischen FMEA. Im Grunde

Abbildung 10: Umweltziele (Quelle: (Großmann, et al., 2008), S. 34)

sind die Vorgehensweise und das Prinzip analog. Es geht darum in der Produktentwickung Fehler möglichst früh zu erkennen und zu vermeiden. Das besondere an EFMEA ist, dass die Umwelt im Vordergrund steht. Dazu werden unterschiedliche Umweltziele, meist in From einer Checkliste, gesammelt und nach ihrer relativen Bedetung bewertet. Abbildung 10 zeigt eine Übersicht solcher möglicher Umweltziele und den zugehörigen Maßnahmen zur Umsetzung. Die Umweltziele werden gewichtet und nach ihrer Bedeutung sortiert. Die Zahl in den Klammern steht für die Bedeutung des jeweiligen Umweltziels. Das weitere Vorgehen erfolgt analog zur klassischen FMEA. Zunächst wird die Produktstruktur ermittelt und mit Funktionsbeschreibungen versehen. Anschließend werden mögliche Umweltschwachstellen gesammelt und den Komponenten zugeordnet. Anhand dieser Bewertung und der Bedeutung des jeweiligen Umweltziels wird eine vereinfachte Risikoprioritätszahl errechnet (V-RPZ), so dass ersichtlich wird, welche Schwachstellen priorisiert behandelt werden sollen. Schließlich erfolgen eine Diskussion der Schwachstellen und die Sammlung möglicher Maßnahmen. In Abbildung 11 ist eine beispielhafte Umsetzung der EFMEA dargestellt (vgl. Abele, et al., 2007 S. 29 ff.).

Bauteil/Gruppe	Typ	Umweltziel	Mögliche Schwachstelle	#1	...	#n	Σ	B	V-RPZ	Maßnahme
Motor	1	Verringerung des Energieverbrauchs (minimale Reibungsverluste, optimierter Motor, Arbeitspunkt)	Wirkungsgrad ist zu gering	X		X	3	9	27	Motor optimieren
Elektronik	4	Verringerung von eingeschränkt erlaubten Substanzen	Nicht RoHS konform	X		X	3	8	24	
Antriebsgehäuse	4	Demontage- & Reparaturfreundlichkeit: Verbindungselemente, Spezialwerkzeuge, Designkomplexität	Zu viele Verbindungen und Durchsteckelemente	X	X		3	7	21	
Bohrkrone	1	Verringerung des Energieverbrauchs (minimale Reibungsverluste, optimierter Motor, Arbeitspunkt)	Wirkungsgrad ist zu gering	X		X	2	9	18	Schneide optimieren

Abbildung 11 Beispiel einer EFMEA (Quelle: Großmann, et al., 2008, S. 32)

3.2.4 Environmental QFD

Das Environmental QFD, kurz E-QFD, lehnt sich, wie auch das E-FMEA, an sein klassisches Vorbild an. Der Aufbau des E-QFD ähnelt daher dem des konventionellen QFDs, vor allem durch den Matrix-artigen Aufbau.

In *Abbildung 12* ist ein Environmental QFD beispielhaft dargestellt. Die Erstellung erfolgt in 9 Schritten. Im ersten Schritt werden die Umweltanforderungen festgelegt (1). Die

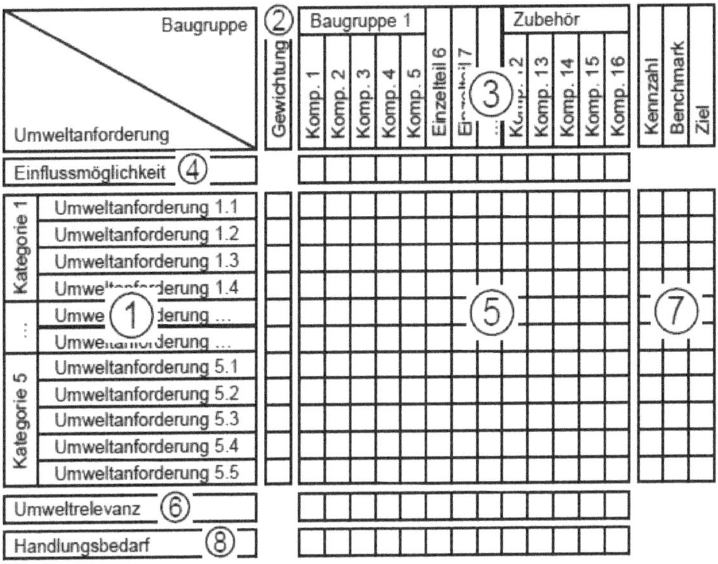

Abbildung 12: Environmental QFD (Quelle: (Großmann, et al., 2008, S. 35)

Grundlage für diese Anforderungen bildet eine ökologische Beurteilung des Produktes, der Umweltziele und der Anforderungen an das Produkt. Die entstehenden Anforderungen können in unterschiedlichen Kategorien geordnet werden. Eine mögliche Kategorie wäre z.B. Materialeinsatz. Im nächsten Schritt werden die Umweltanforderungen gewichtet (2). Im dritten Schritt wird das Produkt in seine Einzelteile (Baugruppen, Komponenten) zerlegt (3). Schritt 4 dient dazu die Einflussmöglichkeiten des Entwicklerteams auf die einzelnen Komponenten zu bewerten, d.h. es wird geklärt in wieweit eine Komponente tatsächlich geändert bzw. angepasst werden kann (4). Schließlich wird im nächsten Schritt die Einflussmatrix mit Werten gefüllt (5). Hierbei wird untersucht welche Auswirkungen eine Komponente auf eine Umweltanforderung hat, d.h. ob diese durch die Komponente erfüllt bzw. nicht erfüllt wird. Anschließend wird die Umweltrelevanz anhand der Gewichtungsfaktoren und der Einflussmatrix berechnet (6). Daraus wird wiederum ein Handlungsbedarf berechnet (7). Zum Schluss erfolgt noch eine Produktbewertung, wobei Kennzahlen ermittelt und der Wettbewerb be-

trachtet wird. Außerdem werden Ziele bezüglich der einzelnen Umweltanforderungen festgelegt (vgl. Großmann, et al., 2008, S. 35 f.).

Vergleicht man QFD und E-QFD im Detail, so stellt man fest, dass das E-QFD, trotz des ähnlichen Aufbaus, erhebliche Unterschiede aufweist. So liegt der zentrale Betrachtungsrahmen nicht auf den Kundenanforderungen und der Ableitung von Qualitätsmerkmalen an das Produkt, sondern auf Umweltanforderungen und der Einflussnahme der einzelnen Komponenten auf ebendiese. Es wird also nicht betrachtet, welche Kundenanforderung an das Produkt existieren und wie und in welchem Umfang diese umgesetzt werden können, sondern welche Umweltanforderungen existieren und welche Produktkomponenten zur Erfüllung dieser beitragen können. Dies setzt voraus, dass das Produkt zumindest konzeptionell mitsamt seinen Komponenten, Baugruppen und Einzelteilen definiert ist. Nur so kann der Einfluss dieser Komponenten auf die Umweltziele gemessen werden. Daraus folgt, dass die E-QFD weniger zur Entwicklung von Produkten eingesetzt werden kann, sondern vielmehr zur Überprüfung der Umweltwirkungen eines Produktes zu nutzen ist[1].

3.2.5 Model nach Lang-Koetz

Das Modell von Lang-Koetz orientiert sich am Lebenszyklus eines Produktes und zielt darauf ab, möglichst früh im Innovationsprozess Umweltwirkungen eines Produktes abzuschätzen. Es geht also um die ersten Phasen des Lebenszyklus, in denen entscheidende Kriterien eines Produktes festgelegt werden.

Dies erfolgt durch die Kombination von zwei Methoden. Zum einen wird das Stage-Gate-Modell zur Unterstützung des Innovationsprozesses von Cooper (siehe 2.2.2.3) herangezogen und mit Handlungsstrategien einer umweltgerechten Produktgestaltung versehen. Zum anderen werden Handlungsstrategien von Brezet und van Hemel verwendet. Diese können in einem Strategy Wheel angeordnet werden.

---

[1] E-QFD und E-FMEA sind im Rahmen eines Projektes entstanden, welches zum Ziel hatte die Umsetzung der EuP-Richtlinie (vgl. (o.V.)) im Unternehmen Hilti AG vorzubereiten und in einem Pilotprojekt umzusetzen. Das Ziel war möglichst viele der bereits eingesetzten Werkzeuge und Methoden zu adaptieren

3.2.5.1 Strategy wheel

Das Strategy Wheel umfasst 8 Handlungsstrategien zur Verringerung von Umweltwirkungen, welche in der umweltgerechten Produktentwicklung anerkannt und im Ökodesign als Grundlage verwendet werden (vgl. Lang-Koetz, et al., 2006 S. 426).

Diese können netzartig angeordnet werden, um einen Überblick über die Erfüllung der einzelnen Strategien zu erhalten (*Abbildung 13*).

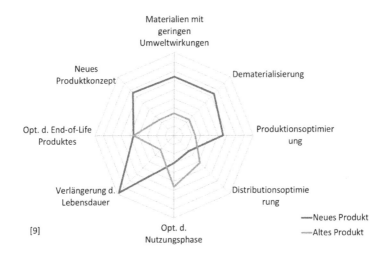

Abbildung 13: Szrategy wheel nach Brezet/van Hemel nach Delft, 2011)

Zu den acht Strategien zählen:

1. **Auswahl von Materialien mit geringen Umweltwirkungen**
   Wahl von erneuerbaren oder gut rezyklierbaren Materialien.

2. **Dematerialisierung (Reduktion des Werkstoffeinsatzes)**
   Durch die Verwendung neuer Materialien kann das Gewicht und somit der Transport optimiert werden.

3. **Produktionsoptimierung**

Optimierung des Ressourcenverbrauchs durch Verbesserung der innerbetriebli-chen Stoff- und Energieströme.

4. **Distributionsoptimierung**

Minimierung der Umweltwirkungen durch verbesserte Verpackung oder Trans-port.

5. **Optimierung der Nutzungsphase**

Reduktion der Umweltwirkungen durch Verringerung des Ressourcenver-brauchs während der Nutzungsphase.

6. **Verlängerung der Lebensdauer**

Durch ein längeres Produktleben werden weniger Ressourcen benötigt.

7. **Optimierung des End-of-Life Produktes**

Die Entsorgung sollte so gestaltet sein, dass das Produkt rezyklierbar ist und somit nach seiner Nutzung einen Mehrwert darstellt.

8. **Produktinnovation**

Die letzte Strategie wird auch @-Strategie genannt. Sie hebt sich von den ande-ren ab und zielt auf eine Einwicklung eines innovativen Produktkonzeptes ab.

3.2.5.2   Model zu Abschätzung der Umweltwirkungen im Innovationsprozess

Die Strategien zur Verringerung von Umweltwirkungen werden nun so in den Stage-Gate-Prozess integriert, dass das Lebenszyklusdenken der Handlungsstrategien in den Innovationsprozess integriert wird und so eine systematische Vorgehensweise ent-steht, welche Richtungssicherheit im Hinblick auf eine nachhaltige Entwicklung bietet (vgl. Lang-Koetz, et al., 2006). *Abbildung 14* zeigt die Anwendung der unterschiedlichen Handlungsstrategien auf die Phasen Stage-Gate-Prozesses.

Dabei werden nur die ersten vier Phasen von der Ideengewinnung bis zur Entwicklung betrachtet, da hier der Einfluss auf das Produkt am größten ist. Da das Wissen über ein Produkt und seine Wirkungen im Innovationsprozess in den ersten Phasen noch gering ist und erst mit zunehmendem Fortschritt steigt, werden die Handlungsstrategien sukzessiv eingeführt. So kann bereits in die erste Phase der Ideengenerierung die Strategie 1 integriert werden, indem verstärkt auf den Einsatz umweltfreundlicher Materialien geachtet wird. Gleichzeitig kann auf eine Reduktion des Werkstoffeinsatzes abgezielt werden. Durch die Verwendung neuer Technologien kann die End-of-Life Phase des Produktes bereits jetzt beeinflusst werden, indem beispielsweise rezyklierbare Materialien verwendet werden. Auch die Strategie „Entwicklung eines neuen Produktkon-

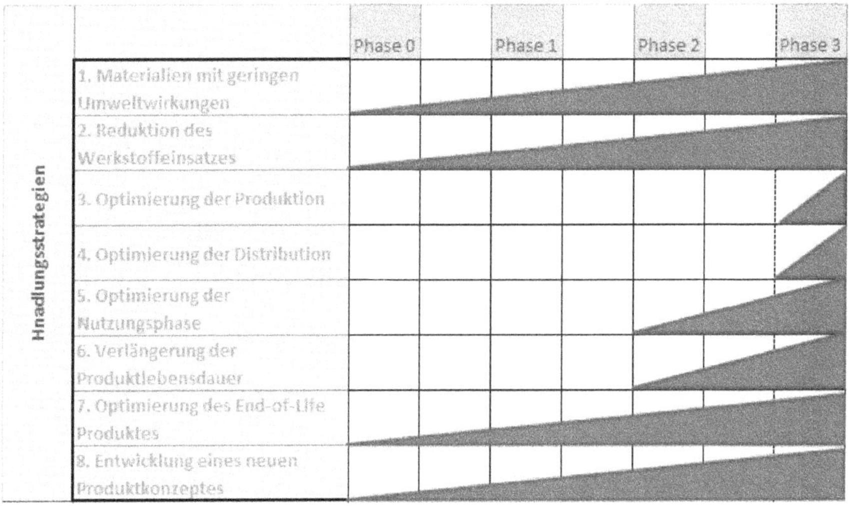

Abbildung 14: Modell nach Lang-Koetz (Lang-Koetz, et al., 2006 S. 429)

zepts" kann in der ersten Phase betrachtet werden, da hier erste Planungen und Untersuchungen stattfinden. Diese Strategien erfahren im Laufe des Prozesses eine zunehmende Bedeutung und Anwendungsintensität.

Um die Strategien zur Optimierung der Nutzungsphase und Verlängerung des Produktlebens umsetzen zu können sind bereits einige Informationen zum konkreten Produkt notwendig. Daher werden diese Strategien ab der dritten Phase eingebunden.

Auch die Optimierung der Distribution und Produktion erfordert in der Regel konkrete Eigenschaften des Produktes, die als Grundlage dienen, so dass die Integration dieser Strategien erst in der vierten Phase erfolgen sollte.

Die Operationalisierung der Handlungsstrategien im konkreten Entwicklungsprozess erfolgt mithilfe von Leitfragen. Diese werden formuliert, um Hinweise und Ansätze zu Verringerung der Umweltwirkungen zu liefern (vgl. Lang-Koetz, et al., 2006 S. 429 f.).

Durch die Kombination zweier voneinander unabhängiger Konzepte ist somit ein Vorgehensmodell entstanden, um Umweltwirkungen bereits im Innovationsprozess abschätzen und minimieren zu können.

4   Zusammenfassung

In Kapitel 3 wurden einige Möglichkeiten aufgezeigt wie nachhaltige Produktentwicklung umgesetzt werden kann und bereits umgesetzt wird. Dies zeigt, dass es bereits eine Reihe von Möglichkeiten gibt, umweltfreundliche Produkte zielgerichtet und effizient zu entwickeln. Außerdem gibt es viele Werkzeuge, die viele Prozesse unterstützen und beispielsweise bei der Datenerhebung und –verwaltung helfen. Diese sind oft auch notwendig, da Nachhaltigkeit ein umfangreiches Gebiet mit vielen Interdependenzen und Faktoren ist. Aus diesem Grund sind systematische Vorgehensweisen bei der Entwicklung nachhaltiger Produkte notwendig.

Allerdings ist die nachhaltige Produktentwicklung noch keineswegs ausgereift. Trotz einiger Normen und Zertifizierungen herrschen oft Inkonsistenzen bei Verwendungen von Begriffen. Es gibt zwar viele Methoden und Konzepte, eine systematische und ganzheitliche Klassifizierung fehlt jedoch bisweilen, was sicherlich auch die Wahl eines geeigneten Vorgehensmodells oder Konzeptes erschwert.

Nichtsdestotrotz sind, neben vielen Forschungsfragen, sichtbare Entwicklungen vorhanden, so dass die nachhaltige Produktentwicklung bereits erfolgreich umgesetzt werden kann.

Literaturverzeichnis

Abele, E., et al. 2007. *EcoDesign: Von der Theorie in die Praxis.* Springer : s.n., 2007.

Andrea Stütz. Definition Nachhaltigkeit – Intern. [Online] Technische Universität Darmstadt. [Zitat vom: 03. 12 2011.] http://www.intern.tu-darmstadt.de/dez_iv/nachhaltigkeit_2/einfhrung/index.de.jsp, zuletzt geprüft am 01.12.2011.

Beys, Aachener Stiftung Kathy. Lexikon der Nachhaltigkeit. *rei Säulen Modell.* [Online] [Zitat vom: 21. 1 2012.] http://www.nachhaltigkeit.info/artikel/1_3_a_drei_saeulen_modell_1531.htm.

Beys, Aachener Stiftung Kathy. Lexikon der Nachhaltigkeit. *Ein Säulen Modell & Pyramiden Modelle.* [Online] http://www.nachhaltigkeit.info/artikel/1_3_e_ein_saeulen_modell_pyramiden_model le_1543.htm.

Braungart, M. und McDonough, W. 2009. *Cradle to Cradle.* s.l. : Random House, 2009.

Cooper, Robert G. 2002. *Top oder Flop in der Produktentwicklung: Erfolgsstrategien: von der Idee zum Launch.* s.l. : Wiley-VCH, 2002.

Delft, TU. 2011. Eco Design strategy wheel. [Online] 2011. [Zitat vom: 12. 02 2012.] http://wikid.eu/index.php/EcoDesign_strategy_wheel.

DIN Deutsches Institut für Normung e. V. 2003. *DIN-Fachbericht ISO/TR 14062 Umweltmanagement - Integration von Umweltaspekten in Produktdesign und - entwicklungssung .* DIN-Fachbericht ISO/TR 14062, NA 172 BR - Beirat des Normenausschusses Grundlagen des Umweltschutzes (NAGUS). 2003.

Ehrlenspiel, Klaus. 2009. *Integrierte Produktentwicklung: Denkabläufe, Methodeneinsatz, Zusammenarbeit.* 4. s.l. : Hanser Fachbuchverlag, 2009.

Fichter, Klaus, et al. 2006. *http://publica.fraunhofer.de/eprints/urn:nbn:de:0011-n-394409.pdf.* Innovationen in der Internetökonomie, Fraunhofer IRB Verlag. Stuttgart : s.n., 2006.

Fuad-Luke, A. 2006. *Eco design: the sourcebook.* s.l. : Chronicle Books, 2006.

Gleich, R. und Russo, P. 2010. *Perspektiven des Innovationsmanagements 2009.* s.l. : Lit Verlag, 2010.

Großmann, Jan, et al. 2008. EuP-Implementierung : Teilprojekt C1. [Buchverf.] Eberhardt Abele. *EcoDesign : von der Theorie in die Praxis.* s.l. : Springer, 2008.

Grunwald, A. und Kopfmüller, J. 2006. *Nachhaltigkeit.* s.l. : Campus Verlag GmbH, 2006.

Hahn, Axel und Austing, Stefan große. 2011. Product Engineering. [Script zur Vorlesung]. Oldenburg : s.n., 2011.

Herrmann, Christoph. 2010. *Ganzheitliches Life Cycle Management: Nachhaltigkeit und Lebenszyklusorientierung in Unternehmen.* s.l. : Springer, 2010.

Holland, A., et al. 2011. *Integrated Systems, Design and Technology 2010: Knowledge Transfer in New Technologies.* s.l. : Springer, 2011.

Lang-Koetz, Claus, Heubach, Daniel und Beucker, Severin. 2006. Abschätzung vin Umweltwirkungen in frühen Phasen des Produktinnovationsprozesses. [Buchverf.] Reinhard Pfriem. *Innovationen für eine nachhaltige Entwicklung.* Wiesbaden : Dt. Univ.-Verl, 2006.

Lindemann, Udo. 2009. *Methoden der Produktentwicklung - Vorgehensmodelle – Grundprinzipien - Methoden.* [Präsentation] München : s.n., 2009.

Linß, Gerhard. 2005. *Qualitätsmanagement für Ingenieure.* 2. s.l. : Fachbuchverlag Leipzig, 2005.

2011. Modelle - 1-Säule. [Online] 2011. [Zitat vom: 5. 9 2011.] http://www.bionik-vitrine.de/modelle-1-saeule.html.

o.V. ErP-Richtlinie. [Online] [Zitat vom: 31. 01 2012.] http://www.eup-richtlinie.at/.

—. FMEA - Einführung in die Failure Mode and Effects Analysis. [Online] VOREST AG. [Zitat vom: 30. 1 2012.] http://www.risikomanagement-wissen.de/FMEA_Einfuehrung.htm.

—. 2009. Quellen. [Online] 07. 02 2009. [Zitat vom: 29. 01 2012.] https://www.akk.org/~andi139/entwicklung/quellen.html.

Orloff, Michael A. 2006. *Grundlagen der klassischen TRIZ - Ein praktisches Lehrbuch des erfinderischen Denkens für Ingenieure.* 3. Berlin : Springer, 2006.

Prof. Dr. Herzwurm, Georg. Was ist QFD? [Online] [Zitat vom: 26. 1 2012.] http://www.qfd-id.de/wasistqfd/index.html.

Roth, Karlheinz. 2000. *Konstruieren mit Konstruktionskatalogen.* 3. s.l. : Springer, 2000. Bd. 1 Konstruktionslehre.

Tietjen, T. und Müller, D. H. 2003. *FMEA-Praxis.* Bremen : Hanser, 2003.

Tischner, Ursula und Charter, M. 2001. *Sustainable solutions: developing products and services for the future.* s.l. : Greenleaf, 2001.

Wasik, John F. 1996. *Green marketing & management: a global perspective.* s.l. : Blackwell Business, 1996.

Werdich, Martin. 2011. *FMEA – Einführung und Moderation - Durch systematische Entwicklung zur übersichtlichen Risikominimierung (inkl. Methoden im Umfeld).* s.l. : Viewweg und Teubner, 2011.

www.ingramcontent.com/pod-product-compliance
Lightning Source LLC
LaVergne TN
LVHW092350060326
832902LV00008B/933